Bandada de guacamayos

Julie Murray

Abdo Kids Junior es una
subdivisión de Abdo Kids
abdobooks.com

Abdo
GRUPOS DE ANIMALES
Kids

abdobooks.com

Published by Abdo Kids, a division of ABDO, P.O. Box 398166, Minneapolis, Minnesota 55439.
Copyright © 2019 by Abdo Consulting Group, Inc. International copyrights reserved in all countries.
No part of this book may be reproduced in any form without written permission from the publisher.
Abdo Kids Junior™ is a trademark and logo of Abdo Kids.

Printed in the United States of America, North Mankato, Minnesota.

102018

012019

 THIS BOOK CONTAINS
RECYCLED MATERIALS

Spanish Translators: Maria Puchol

Photo Credits: iStock, Shutterstock

Production Contributors: Teddy Borth, Jennie Forsberg, Grace Hansen

Design Contributors: Christina Doffing, Candice Keimig, Dorothy Toth

Library of Congress Control Number: 2018953849

Publisher's Cataloging-in-Publication Data

Names: Murray, Julie, author.

Title: Bandada de guacamayos / by Julie Murray.

Other title: Macaw flock

Description: Minneapolis, Minnesota : Abdo Kids, 2019 | Series: Grupos de
    animales | Includes online resources and index.

Identifiers: ISBN 9781532183621 (lib. bdg.) | ISBN 9781641857048 (pbk.) | ISBN 9781532184703 (ebook)

Subjects: LCSH: Macaws--Juvenile literature. | Animal Behavior--Juvenile
    literature. | Social behavior in animals--Juvenile literature. | Animal species--
    Juvenile literature. | Spanish language materials--Juvenile literature.

Classification: DDC 598.71--dc23

Contenido

La bandada de guacamayos

Los guacamayos son aves. Tienen plumas de muchos colores.

Viven en grupos. A este grupo se le llama bandada.

Hay de 10 a 30 aves en
una bandada.

Son aves grandes. ¡Algunas pueden medir hasta 3.5 pies (1.1 m) de largo!

Vuelan para buscar comida. ¡Pueden volar hasta 15 millas (24.1 km) cada día!

Comen frutos secos y fruta.
También comen tierra
húmeda. Esto es bueno para
sus estómagos.

Los guacamayos chillan y graznan para llamarse entre sí.

¡Cuidado! Viene una serpiente.

¡Chillan! ¡Graznan! Vuelan

hacia un lugar seguro.

Por la noche se posan en los árboles. Se protegen mutuamente.

Por la noche se posan en los árboles. Se protegen mutuamente.

21

La vida en una bandada

de 10 a 30 aves

se comunican entre sí

buscan comida en grupo

se posan en árboles por la noche

Glosario

graznido
ruido fuerte y molesto que hacen las aves.

húmedo
ligeramente mojado.

posarse
acomodarse para descansar o dormir.

Índice

Abdo Kids
ONLINE
FREE! ONLINE MULTIMEDIA RESOURCES

¡Visita nuestra página **abdokids.com** y usa este código para tener acceso a juegos, manualidades, videos y mucho más!

Código Abdo Kids:
AMK7825